EMF3-0042

J-POP
CHORUS PIECE

合唱楽譜＜J-POP＞

合唱で歌いたい！J-POPコーラスピース

女声3部合唱

SWEET MEMORIES
（松田聖子）

作詞：松本 隆　作曲：大村雅朗　合唱編曲：田中達也

合唱で歌いたい！J-POPコーラス

SWEET MEMORIES

作詞：松本 隆　　作曲：大村雅朗　　合唱編曲：田中達也

© 1983 by Sun Music Publishing, Inc.

Elevato Music
EMF3-0042

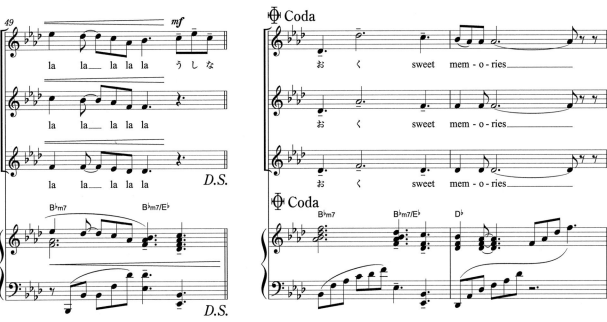
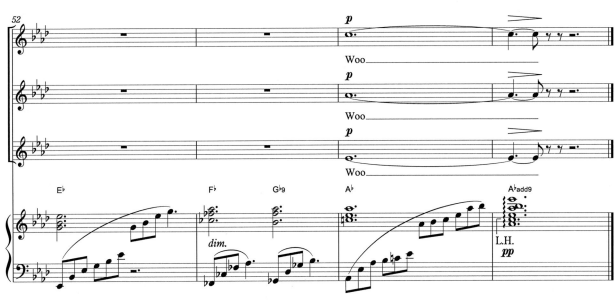

MEMO

SWEET MEMORIES（松田聖子）

作詞：松本 隆

なつかしい痛みだわ
ずっと前に忘れていた
でもあなたを見たとき
時間だけ後戻りしたの

「幸福(しあわせ)?」と聞かないで
嘘つくのは上手じゃない
友だちならいるけど
あんなには燃えあがれなくて

失った夢だけが
美しく見えるのは何故かしら
過ぎ去った優しさも今は
甘い記憶 sweet memories

Don't kiss me baby we can never be
So don't add more pain
Please don't hurt me again
I have spent so many nights
Thinking of you longing for your touch
I have once loved you so much

あの頃は若過ぎて
悪戯(いたずら)に傷つけあった二人
色褪(あ)せた哀しみも今は
遠い記憶 sweet memories

失った夢だけが
美しく見えるのは何故かしら
過ぎ去った優しさも今は
甘い記憶 sweet memories

MEMO

MEMO

エレヴァートミュージックエンターテイメントはウィンズスコアが
展開する「合唱楽譜・器楽系楽譜」を中心とした専門レーベルです。

ご注文について

エレヴァートミュージックエンターテイメントの商品は全国の楽器店、ならびに書店にてお求めになれますが、店頭でのご購入が困難な場合、下記PC&モバイルサイト・FAX・電話からのご注文で、直接ご購入が可能です。

◎PCサイト&モバイルサイトでのご注文方法
http://elevato-music.com
上記のアドレスへアクセスし、WEBショップにてご注文ください。

◎FAXでのご注文方法
FAX.03-6809-0594
24時間、ご注文を承ります。上記PCサイトよりFAXご注文用紙をダウンロードし、
印刷、ご記入の上ご送信ください。

◎お電話でのご注文方法
TEL.0120-713-771
営業時間内に電話いただければ、電話にてご注文を承ります。

※この出版物の全部または一部を権利者に無断で複製(コピー)することは、著作権の侵害にあたり、
　著作権法により罰せられます。

※造本には十分注意しておりますが、万一、落丁・乱丁などの不良品がありましたらお取り替えいたします。
　また、ご意見・ご感想もホームページより受け付けておりますので、お気軽にお問い合わせください。